HONORÉ DE BALZAC

HISTOIRE
DE
L'EMPEREUR

HISTOIRE

DE

L'EMPEREUR

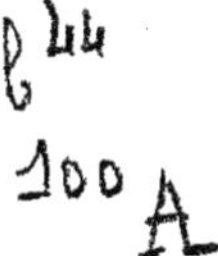

JUSTIFICATION DU TIRAGE

Nos 1 à 100. — Exemplaires sur Papier Vélin des Manufactures du Marais avec les Eaux-Fortes en Couleurs dans le Texte et une suite, en tirage à part, des eaux-fortes en noir. Cette dernière suite a été tirée sur la planche mère terminée par le graveur après le tirage en couleurs.

Nos 101 à 300. — Exemplaires sur Papier Vélin d'Arches avec les eaux-fortes, en noir, dans le texte.

N° 279

HONORÉ DE BALZAC

HISTOIRE
DE
L'EMPEREUR

RACONTÉE DANS UNE GRANGE
PAR UN VIEUX SOLDAT

PRÉFACE
DE
HENRY HOUSSAYE
de l'Académie française

PARIS
LIBRAIRIE HENRI LECLERC
219, RUE SAINT-HONORÉ

1904

COLLABORATEURS

LES EAUX-FORTES EN COULEURS DE CET OUVRAGE
ONT ÉTÉ GRAVÉES

PAR

ADOLPHE LALAUZE

d'après les Aquarelles originales de son Fils

ALPHONSE LALAUZE

LE TIRAGE DES PLANCHES EN COULEURS REPÉRÉES
A ÉTÉ FAIT

PAR

CH. WITTMANN

LE TEXTE A ÉTÉ IMPRIMÉ A PARIS

PAR

PH. RENOUARD

PRÉFACE

Napoléon a dit : « Je suis destiné à être la pâture des écrivains, mais je ne crains pas d'être leur victime. Quelque esprit qu'ils y mettent, ils ne tireront jamais qu'à poudre sur du granit, ET, QUAND ILS VOUDRONT ÊTRE BEAUX, ILS ME VANTERONT. »

Paroles prophétiques dont la vérité éclate dans tout le dernier siècle. Comme il l'avait prédit, Napoléon a été « la pâture » des plus grands écrivains, et quand ils ont parlé de lui il semble qu'ils voulaient « être beaux », car « ils l'ont vanté ». Les historiens ont élevé à sa gloire une pyramide de livres. Il a fasciné les poètes, ces tout-puissants faiseurs de renommées. Gœthe l'admirait et jugeait qu'il grandirait à mesure qu'on le connaîtrait mieux. Lord Byron, Béranger, Manzoni, Lamartine, Henri Heine, Alfred de Musset, Théophile Gautier ont dit en vers immortels l'épopée et la catastrophe, le soleil d'Austerlitz et la nuit de Sainte-Hélène. D'autres encore ont été hantés, dominés par la figure de l'Empereur, au point que l'on pourrait écrire des articles, des livres entiers sous ces titres : Chateaubriand et Napoléon, Stendhal et Napoléon, Victor Hugo et Napoléon.

Honoré de Balzac a subi, lui aussi, la fascination de l'Empereur. De 1831 à 1838, dans les travaux et les tourments de la période la plus laborieuse et la plus agitée de sa vie, il avait pris le temps de lire, la plume à la main, les Mémoires sur Napoléon, les dictées de Sainte-Hélène, les premiers recueils de la Correspondance. *Quand une parole le frappait, entre tant d'autres, comme particulièrement profonde et originale, il l'inscrivait sur un carnet qui ne quittait pas sa table. Balzac rêvait de faire, avec ces* Maximes et Pensées de Napoléon, « *le plus beau livre de l'époque.* » — *C'est son expression.* — « *Aux yeux des masses, disait-il, ce livre sera comme une apparition. L'âme de l'Empereur passera devant elles. Mais, pour quelques esprits choisis, il sera son histoire sous une forme algébrique : on y verra l'homme abstrait, l'Idée au lieu du Fait... Cette œuvre sera à Napoléon ce que l'*Évangile *est à Jésus-Christ.* » — *C'est encore son expression.*

Le jour où Balzac eut recueilli cinq cents pensées de l'Empereur, il se trouva qu'il manquait d'argent. Ces jours-là ne furent pas rares dans la vie de Balzac. Il vendit les Maximes de Napoléon à un ancien bonnetier qui ardait pour la Légion d'honneur, et qui les dédia au roi Louis-Philippe. Ne cherchez pas ce petit livre; il est à peu près introuvable.

Dans plusieurs romans, La Vendetta, Une Ténébreuse Affaire, Le Colonel Chabert, La Paix du Ménage, L'Envers de l'Histoire contemporaine, La Femme de Trente ans, *Balzac a mis Napoléon en scène. Plutôt, il l'y a fait apparaître pendant un instant, car le grand romancier n'aurait pas manqué à ce principe d'art, que la présence continue d'un personnage réel au milieu d'êtres fictifs porte atteinte à l'harmonie de l'œuvre et nuit à l'impression de vérité. Dans* La Bataille *même, ce roman projeté qui devait avoir comme cadre la plaine d'Essling, les bois d'Aspern et les bords du Danube, et pour unique objet « toutes les horreurs et toutes les beautés d'un champ de bataille », Balzac ne voulait point montrer l'Empereur. « Il faut, disait-il, qu'un homme dans son fauteuil voie la campagne, les accidents de terrain, les masses d'hommes, les événements stratégiques, entende l'artillerie, s'intéresse à ces mou-*

vements d'échiquier, voie tout, sente dans chaque articulation de ce grand corps Napoléon, que je ne montrerai pas, ou que je laisserai voir, le soir, traversant le Danube dans une barque. »

En janvier 1833, quand Balzac se proposait de donner cette grandiose et émouvante vision de Napoléon le soir d'Essling, il semble que l'Empereur occupât fortement sa pensée. N'est-ce pas par une sorte d'obsession, de possession napoléonienne qu'il introduisit dans le Médecin de campagne, *à quoi il travaillait alors, un récit tout épisodique de la vie de l'Empereur?*

*Publiée dans l'*Europe littéraire *avant l'apparition du roman, cette* Histoire de l'Empereur racontée dans une grange par un vieux soldat *eut un très grand succès. Les journaux la reproduisirent à l'envi; des librairies louches et des imprimeries clandestines en firent, en quinze jours, d'innombrables contrefaçons sous des titres divers, et, parfois, sans le nom de l'auteur. J'ai une de ces petites brochures imprimées avec des têtes de clous sur du papier à chandelle; elle porte ce titre abusif et déconcertant :* Dialogue d'un vieux grenadier de la Garde impériale surnommé le Sans-Peur. *Balzac fut à la fois heureux et désolé de ce succès peu rémunérateur. Il* *écrivait, le 1er août 1833, à Mme de Hanska :* « *Voici des spéculateurs qui me volent ce fragment, l'impriment sans ma permission, et voici vingt mille exemplaires vendus. Je pourrais faire sévir la justice, mais c'est indigne de moi. Ils ne disent ni mon nom, ni celui de mon œuvre; ils m'assassinent et se taisent; ils me volent ma gloire et mon pécule, à moi, pauvre! Vous lirez un jour ce gigantesque morceau, qui fait pleurer les plus insensibles, et que cent journaux ont reproduit. Des amis m'ont dit que, d'un bout à l'autre de la France, il y a eu un cri d'admiration.*

Cette Histoire de Napoléon est, en effet, admirable. Balzac, le plus objectif des romantiques, — on pourrait dire le seul, — a poussé là jusqu'au prodige le dédoublement de sa personnalité. Ce n'est pas lui qui parle; c'est bien, en vérité, un vieux soldat, sorti du peuple, vieilli à l'armée, ayant passé par tous les corps de garde et par tous les bivouacs, cheminé sac au dos sur toutes les grandes routes, combattu dans toutes les batailles, et ayant pris à sa vie rude et précaire « *ce regard noir, tout chargé de misère, d'événements et de souffrance qui distingue les vieux soldats* ». *Il ne sait pas écrire, il sait lire à peine, mais il sait* « *raconter l'Empereur* » son empereur! *Il trouve dans son cœur un souffle véhément et dans son imagination, ingénue et puissante comme celle des premiers rhapsodes, des images fortes et neuves, des mots épiques.*

En Napoléon, Balzac n'admirait pas tant le grand capitaine, le pacificateur de la nation déchirée, le fondateur de la France nouvelle comme héritier et organisateur de la Révolution, que le maître d'énergie, le parangon de la volonté, le despote par nature et l'absolutiste par raison. Mais Balzac s'est bien gardé de prêter au vieux grenadier aucune de ces idées-là. Il a abdiqué sa pensée, repoussé très loin de lui sa conception propre de l'Empereur. Le Napoléon de ce récit n'est pas le Napoléon de Balzac. Il n'est pas davantage le Napoléon des historiens. C'est le Napoléon de la légende, le héros miraculeux et providentiel, le géant des batailles, « le père du soldat », « le bienfaiteur des Français », « l'Empereur de tout le monde », l'Homme du Peuple. Cette idole populaire, l'humble conteur que s'est fait un jour Balzac en a fixé en traits indélébiles l'effigie grossière et superbe. On dirait d'une image d'Épinal gravée par Michel-Ange.

HENRY HOUSSAYE.

Paris, 20 mars 1904.

PENDANT environ une heure, les deux cavaliers marchèrent à travers des champs sur la belle culture desquels l'officier complimenta le médecin; puis ils regagnèrent le bourg en suivant la montagne, tantôt parlant, tantôt silencieux, selon que le pas des chevaux leur permettait de parler ou les obligeait à se taire.

— Je vous ai promis hier, dit Benassis à Genestas en arrivant dans une petite gorge par laquelle les deux cavaliers débouchèrent dans la grande vallée, de vous montrer un des deux soldats qui sont revenus de l'armée après la chute de Napoléon. Si je ne me trompe, nous allons le trouver à quelques pas d'ici, recreusant une espèce de réservoir naturel où s'amassent les eaux de la montagne et que les atterrissements ont comblé. Mais, pour vous rendre cet homme intéressant, il faut vous raconter sa vie... Il a nom Gondrin; il a été pris par la grande réquisition de 1792, à l'âge de dix-huit ans, et incorporé dans l'artillerie. Simple soldat, il a fait les campagnes d'Italie sous Napoléon, l'a suivi en Égypte, est revenu d'Orient à la paix d'Amiens; puis, enrégimenté sous l'Empire dans les pontonniers de la garde, il a constamment servi en Allemagne. En dernier lieu, le pauvre ouvrier est allé en Russie.

— Nous sommes un peu frères, dit Genestas, j'ai fait les mêmes campagnes. Il a fallu des corps de métal pour résister aux fantaisies de tant de climats différents! Le bon Dieu a, par ma foi, donné quelque brevet d'invention pour vivre à ceux qui sont encore sur leurs quilles après avoir traversé l'Italie, l'Égypte, l'Allemagne, le Portugal et la Russie !

— Aussi allez-vous voir un bon tronçon d'homme, reprit Benassis. Vous connaissez la déroute, inutile de vous en parler. Mon homme est un des pontonniers de la Bérésina ; il a contribué à construire le pont sur lequel a passé l'armée, et, pour en assujettir les premiers chevalets, il s'est mis dans l'eau jusqu'à mi-corps. Le général Éblé, sous les ordres duquel étaient les pontonniers, n'en a pu trouver que quarante-deux assez poilus, comme dit Gondrin, pour entreprendre cet ouvrage. Encore le général s'est-il mis à l'eau lui-même, en les encourageant, les consolant et leur promettant à chacun mille francs de pension et la croix de légionnaire. Le premier homme qui est entré dans la Bérésina a eu la jambe emportée par un gros glaçon, et l'homme a suivi sa jambe. Mais vous comprendrez mieux les difficultés de l'entreprise par les résultats : des quarante-deux pontonniers, il ne reste aujourd'hui que Gondrin. Trente-neuf d'entre eux ont péri au passage de la Bérésina et les deux autres ont fini misérablement dans les hôpitaux de la Pologne. Ce pauvre soldat n'est revenu de Vilna qu'en 1814, après la rentrée des Bourbons. Le général Éblé, de qui Gondrin ne parle jamais sans avoir les larmes aux yeux, était mort. Le pontonnier, devenu sourd, infirme, et qui ne savait ni lire ni écrire, n'a donc plus trouvé ni soutien ni défenseur... Arrivé à Paris en mendiant son pain, il y a fait des démarches dans les bureaux du ministère de la Guerre pour obtenir, non les mille francs de pension promis, non la croix de légionnaire, mais la simple retraite à laquelle il avait droit après vingt-deux ans de service et je ne sais combien de campagnes; mais il n'a eu ni solde arriérée, ni frais de route, ni pension. Après un an de sollicitations inutiles, pendant lequel il a tendu la main à tous ceux qu'il avait sauvés, le pontonnier est revenu ici désolé, mais résigné. Ce héros inconnu creuse des fossés à dix sous la toise. Habitué à travailler dans les marécages, il a, comme il le dit, l'entreprise des ouvrages dont ne se soucie aucun ouvrier. En curant les mares, en faisant des tranchées dans les prés inondés, il peut gagner environ trois francs par jour. Sa surdité lui donne l'air triste ; il est peu causeur de son naturel, mais il est plein d'âme. Nous sommes bons amis. Il dîne avec moi les jours de la bataille d'Austerlitz, de la fête de l'Empereur, du désastre de Waterloo, et je lui présente au dessert un napoléon pour lui payer son vin de chaque trimestre. Le sentiment de respect que j'ai pour cet homme est d'ailleurs partagé par toute la commune, qui ne demanderait pas mieux que de le nourrir. S'il travaille, c'est par fierté. Dans toutes les maisons où il entre, chacun l'honore à mon exemple et l'invite à dîner. Je n'ai pu lui faire accepter ma pièce de vingt francs que comme portrait de l'Empereur. L'injustice commise envers lui l'a profondément affligé, mais il regrette encore plus la croix qu'il ne désire sa pension. Une seule chose le console. Quand le général Éblé présenta les pontonniers valides à l'Empereur, après la construction des ponts, Napoléon a embrassé notre pauvre Gondrin qui, sans cette accolade, serait peut-être déjà mort; il ne vit que par ce souvenir et par l'espérance du retour de Napoléon ; rien ne peut le convaincre de sa mort, et, persuadé que sa captivité est due aux Anglais, je crois qu'il tuerait sous le plus léger prétexte le meilleur des aldermen voyageant pour son plaisir.

— Allons! allons! s'écria Genestas en se réveillant de la profonde attention avec laquelle il écoutait le médecin, allons vivement, je veux voir cet homme!

Et les deux cavaliers mirent leurs chevaux au grand trot.

— L'autre soldat, reprit Benassis, est encore un de ces hommes de fer qui ont roulé dans les armées. Il a vécu comme vivent tous les soldats français, de balles, de coups, de victoires; il a beaucoup souffert et n'a jamais porté que des épaulettes de laine. Son caractère est jovial; il aime avec fanatisme Napoléon, qui lui a donné la croix sur le champ de bataille à Valoutina. Vrai Dauphinois, il a toujours eu soin de se mettre en règle; aussi a-t-il sa pension de retraite et son traitement de légionnaire. C'est un soldat d'infanterie, nommé Goguelat, qui a passé dans la garde en 1812. Il est, en quelque sorte, la femme de ménage de Gondrin. Tous deux demeurent ensemble chez la veuve d'un colporteur à laquelle ils remettent leur argent ; la bonne femme les loge, les nourrit, les habille, les soigne comme s'ils étaient ses enfants. Goguelat est ici *piéton* de la poste. En cette qualité, il est le diseur de nouvelles du canton, et l'habitude de les raconter en a fait l'orateur des veillées, le conteur en titre ; aussi Gondrin le regarde-t-il comme un bel esprit, comme un *malin*. Quand Goguelat parle de Napoléon, le pontonnier semble deviner ses paroles au seul mouvement des lèvres. S'ils vont ce soir à la veillée qui a lieu dans une de mes granges, et que nous puissions les voir sans être vus, je vous donnerai le spectacle de cette scène. Mais nous voici près de la fosse et je n'aperçois pas mon ami le pontonnier.

Le médecin et le commandant regardèrent attentivement autour d'eux ; ils ne virent que la pelle, la pioche, la brouette, la veste militaire de Gondrin auprès d'un tas de boue noire ; mais nul vestige de l'homme dans les différents chemins pierreux par lesquels venaient les eaux, espèces de trous capricieux presque tous ombragés par de petits arbustes.

— Il ne peut être bien loin. — Ohé ! Gondrin ! cria Benassis.

Genestas aperçut alors la fumée d'une pipe entre les feuillages d'un éboulis, et la montra du doigt au médecin, qui répéta son cri. Bientôt le vieux pontonnier avança la tête, reconnut le maire et descendit par un petit sentier.

— Eh bien, mon vieux, lui cria Benassis en faisant une espèce de cornet acoustique avec la paume de sa main, voici un camarade, un Égyptien qui t'a voulu voir.

Gondrin leva promptement la tête vers Genestas et lui jeta ce coup d'œil profond et investigateur que les vieux soldats ont su se donner à force de mesurer promptement leurs dangers. Après avoir vu le ruban rouge du commandant, il porta silencieusement le revers de sa main à son front.

— Si le petit tondu vivait encore, lui cria l'officier, tu aurais la croix et une belle retraite, car tu as sauvé la vie à tous ceux qui portent des épaulettes et qui se sont trouvés de l'autre côté de la rivière le 1er octobre 1812; mais, mon ami, ajouta le commandant en mettant pied à terre et lui prenant la main avec une soudaine effusion de cœur, je ne suis pas ministre de la Guerre.

En entendant ces paroles, le vieux pontonnier se dressa sur ses jambes après avoir soigneusement secoué les cendres de sa pipe et l'avoir serrée, puis il dit en penchant la tête :

— Je n'ai fait que mon devoir, mon officier, mais les autres n'ont pas fait le leur à mon égard. Ils m'ont demandé mes papiers! « Mes papiers?... leur ai-je dit, mais c'est le vingt-neuvième bulletin! »

— Il faut réclamer de nouveau, mon camarade. Avec des protections, il est impossible que tu n'obtiennes pas justice.

— Justice! cria le vieux pontonnier d'un ton qui fit tressaillir le médecin et le commandant.

Il y eut un moment de silence, pendant lequel les deux cavaliers regardèrent ce débris des soldats de bronze que Napoléon avait triés dans trois générations. Gondrin était certes un bel échantillon de cette masse indestructible qui se brisa sans rompre. Ce vieil homme avait à peine cinq pieds; son buste et ses épaules s'étaient prodigieusement élargis; sa figure, tannée, sillonnée de rides, creusée, mais musculeuse, conservait encore quelques vestiges de martialité. Tout en lui avait un caractère de rudesse : son front semblait être un quartier de pierre; ses cheveux, rares et gris, retombaient faibles, comme si déjà la vie manquait à sa tête fatiguée; ses bras, couverts de poils aussi bien que sa poitrine, dont une partie se voyait par l'ouverture de sa chemise grossière, annonçaient une force extraordinaire. Enfin, il était campé sur ses jambes presque torses comme sur une base inébranlable.

— Justice! répéta-t-il, il n'y en aura jamais pour nous autres! Nous n'avons point de porteurs de contraintes pour demander notre dû. Et, comme il faut se remplir le bocal, dit-il en se frappant l'estomac, nous n'avons pas le temps d'attendre.

Or, vu que les paroles des gens qui passent leur vie à se chauffer dans les bureaux n'ont pas la vertu des légumes, je suis revenu prendre ma solde sur le fonds commun, dit-il en frappant la boue avec sa pelle.

— Mon vieux camarade, cela ne peut pas aller comme ça! dit Genestas. Je te dois la vie et je serais ingrat si je ne te donnais un coup de main! Moi, je me souviens d'avoir passé sur les ponts de la Bérésina, je connais de bons lapins qui en ont aussi la mémoire toujours fraîche et ils me seconderont pour te faire récompenser par la patrie.

— Ils vous appelleront bonapartiste! Ne vous mêlez pas de cela, mon officier. D'ailleurs, j'ai filé sur les derrières et j'ai fait ici mon trou comme un boulet mort. Seulement, je ne m'attendais pas, après avoir voyagé sur les chameaux du désert et avoir bu un verre de vin au coin du feu de Moscou, à mourir sous les arbres que mon père a plantés, dit-il en se remettant à l'ouvrage.

— Pauvre vieux, dit Genestas. A sa place, je ferais comme lui; nous n'avons plus notre père.

— Monsieur, dit-il à Benassis, la résignation de

cet homme me cause une tristesse noire; il ne sait pas combien il m'intéresse, et va croire que je suis un de ces gueux dorés insensibles aux misères du soldat...

Il revint brusquement, saisit le pontonnier par la main et lui cria dans l'oreille :

— Par la croix que je porte, et qui signifiait autrefois honneur, je jure de faire tout ce qui sera humainement possible d'entreprendre pour t'obtenir une pension, quand je devrais avaler dix refus de ministre, solliciter le roi, le dauphin et toute la boutique!

En entendant ces paroles, le vieux Gondrin tressaillit, regarda Genestas et lui dit :

— Vous avez donc été simple soldat?

Le commandant inclina la tête. A ce signe, le pontonnier s'essuya la main, prit celle de Genestas, la lui serra par un mouvement plein d'âme, et lui dit :

— Mon général, quand je me suis mis à l'eau là-bas, j'avais fait à l'armée l'aumône de ma vie; donc, il y a eu gain, puisque je suis encore sur mes ergots. Tenez, voulez-vous voir le fond du sac? Eh bien, depuis que l'*autre* a été dégommé, je n'ai plus goût à rien. Enfin ils m'ont assigné ici, ajouta-t-il gaiement en montrant la terre, vingt mille francs à prendre, et je m'en paye en détail, comme dit c't autre !

— Allons, mon camarade, dit Genestas, ému par la sublimité de ce pardon, tu auras du moins ici la seule chose que tu ne puisses pas m'empêcher de te donner.

Le commandant se frappa le cœur, regarda le pontonnier pendant un moment, remonta sur son cheval et continua de marcher à côté de Benassis.

— Après le dîner, dit le médecin, vous verrez, vous entendrez Goguelat, l'orateur.

— Allons maintenant à ma grange, dit le médecin à son hôte.

J'ai quelques compères qui doivent faire jaser Goguelat, notre piéton, sur le dieu du peuple. Mon valet d'écurie, nous a dressé une échelle pour monter par une lucarne en haut du foin, à une place d'où nous verrons toute la scène. Croyez-moi, venez : une veillée a son prix. Ce n'est pas la première fois que je me serai mis dans le foin pour écouter un récit de soldat ou quelque conte de paysan. Mais cachons-nous bien : quand ces pauvres gens voient un étranger, ils font des façons et ne sont plus eux-mêmes.

— Eh! mon cher hôte, dit Genestas, n'ai-je pas souvent fait semblant de dormir pour entendre mes cavaliers, au bivac! Tenez, je n'ai jamais ri aux spectacles de Paris d'aussi bon cœur qu'au récit de la déroute de Moscou, racontée en farce par un vieux maréchal des logis à des conscrits qui avaient peur de la guerre. Il disait que l'armée française *faisait* dans ses draps, qu'on buvait tout à la glace, que les morts s'arrêtaient en chemin, qu'on avait vu la Russie Blanche, qu'on étrillait les chevaux à coups de dents, que ceux qui aimaient à patiner s'étaient bien régalés, que les amateurs de gelée de viande en avaient eu leur soûl, que les femmes étaient généralement froides. et que la seule chose qui avait été sensiblement désagréable était de n'avoir pas eu d'eau chaude pour se raser... Enfin, il débitait des gaudrioles si comiques, qu'un vieux fourrier qui avait eu le nez gelé, et qu'on appelait *Nezrestant*, en riait lui-même.

— Chut! dit Benassis, nous voici arrivés; je passe le premier, suivez-moi.

Tous deux montèrent à l'échelle et se blottirent dans le foin, sans avoir été entendus par les gens de la veillée, au-dessus desquels ils se trouvèrent assis de manière à les bien voir. Groupées par masses autour de trois ou quatre chandelles, quelques femmes cousaient, d'autres filaient; plusieurs restaient oisives, le cou tendu, la tête et les yeux tournés vers un vieux paysan qui racontait une histoire. La plupart des hommes se tenaient debout ou couchés sur des bottes de foin. Ces groupes, profondément silencieux, étaient à peine éclairés par les reflets vacillants des chandelles entourées de globes de verre pleins d'eau qui concentraient la lumière en rayons, dans la clarté desquelles se tenaient les travailleuses. L'étendue de la grange, dont le haut restait sombre et noir, affaiblissait encore ces lueurs qui coloraient inégalement les têtes en produisant de pittoresques effets de clair-obscur. Ici brillaient le front brun et les yeux clairs d'une petite paysanne curieuse; là, des bandes lumineuses découpaient les rudes fronts de quelques vieux hommes et dessinaient fantasquement leurs vêtements usés ou décolorés. Tous ces gens, attentifs et divers dans leurs poses, exprimaient sur leurs physionomies immobiles l'entier abandon qu'ils faisaient de leur intelligence au conteur.

Un vieux paysan achevait l'histoire véritable de la *Bossue courageuse.*

— Je n'aime point ces histoires-là, elles me font rêver, dit la Fosseuse. J'aime mieux les aventures de Napoléon.

— C'est vrai, dit le garde champêtre. — Voyons, monsieur Goguelat, racontez-nous l'Empereur.

— La veillée est trop avancée, dit le piéton, et je n'aime point à raccourcir les victoires.

— C'est égal, dites tout de même! Nous les connaissons pour vous les avoir vu dire bien des fois; mais ça fait toujours plaisir à entendre.

— Racontez-nous l'Empereur! crièrent plusieurs personnes ensemble.

— Vous le voulez? répondit Goguelat. Eh bien, vous verrez que ça ne signifie rien quand c'est dit au pas de charge. J'aime mieux vous raconter toute une bataille. Voulez-vous Champaubert, où il n'y avait plus de cartouches et où l'on s'est astiqué tout de même à la baïonnette?

— Non!... L'Empereur! l'Empereur!

Le fantassin se leva de dessus sa botte de foin, promena sur l'assemblée ce regard noir, tout chargé de misère, d'événements et de souffrances qui distingue les vieux soldats. Il prit sa veste par les deux basques de devant, les releva comme s'il s'agissait de recharger le sac où jadis étaient ses hardes, ses souliers, toute sa fortune; puis il s'appuya le corps sur la jambe gauche, avança la droite et céda de bonne grâce aux vœux de l'assemblée. Après avoir repoussé ses cheveux gris d'un seul côté de son front pour le découvrir, il porta la tête vers le ciel afin de se mettre à la hauteur de la gigantesque histoire qu'il allait dire.

« Voyez-vous, mes amis, Napoléon est né en Corse, qu'est une île française, chauffée par le soleil d'Italie, où tout bout comme dans une fournaise, et où l'on se tue les uns les autres, de père en fils, à propos de rien : une idée qu'ils ont. Pour vous commencer l'extraordinaire de la chose, sa mère, qui était la plus belle femme de son temps et une finaude, eut la réflexion de le vouer à Dieu pour le faire échapper à tous les dangers de son enfance et de sa vie, parce qu'elle avait rêvé que le monde était en feu le jour de son accouchement. C'était une prophétie! Donc, elle demande que Dieu le protège, à condition que Napoléon rétablira sa sainte religion, qu'était alors par terre... Voilà qu'est convenu, et ça s'est vu.

Maintenant, suivez-moi bien, et dites-moi si ce que vous allez entendre est naturel!

Il est sûr et certain qu'un homme qui avait eu l'imagination de faire un pacte secret pouvait seul être susceptible de passer à travers les lignes des autres; à travers les balles, les décharges de mitraille qui nous emportaient comme des mouches, et qui avaient du respect pour sa tête. J'ai eu la preuve de cela, moi particulièrement, à Eylau. Je le vois encore, qui monte sur une hauteur, prend sa lorgnette, regarde sa bataille et dit :

— Ça va bien!

Un de mes intrigants à panache qui l'embêtaient considérablement et le suivaient partout, même pendant qu'il mangeait, qu'on nous a dit, veut faire le malin et prend la place de l'Empereur quand il s'en va. Oh! raflé! plus de panache. Vous entendez bien que Napoléon s'était engagé à garder son secret pour lui seul. Voilà pourquoi tous ceux qui l'accompagnaient, même ses amis particuliers,

tombaient comme des noix : Duroc, Bessières, Lannes, tous hommes forts comme des barres d'acier et qu'il fondait à son usage. Enfin, à preuve qu'il était l'enfant de Dieu, fait pour être le père du soldat, c'est qu'on ne l'a jamais vu ni lieutenant ni capitaine! Ah bien, oui! en chef tout de suite. Il n'avait pas l'air d'avoir plus de vingt-quatre ans qu'il était vieux général, depuis la prise de Toulon, où il a commencé par faire voir aux autres qu'ils n'entendaient rien à manœuvrer les canons. Pour lors, nous tombe tout maigrelet général en chef à l'armée d'Italie qui manquait de pain, de munitions, de souliers, d'habits; une pauvre armée nue comme un ver.

— Mes amis, qu'il dit, nous voilà ensemble. Or, mettez-vous dans la boule que, d'ici à quinze jours, vous serez vainqueurs, habillés à neuf; que vous aurez tous des capotes, de bonnes guêtres, de fameux souliers; mais mes enfants, faut marcher pour les aller prendre à Milan, où il y en a.

Et l'on a marché. Le Français, écrasé, plat comme une punaise, se redresse. Nous étions trente mille va-nu-pieds contre quatre-vingt mille fendants d'Allemands, tous beaux hommes, bien garnis, que je vois encore. Alors, Napoléon, qui n'était encore que Bonaparte, nous souffle je ne sais quoi dans le ventre : et l'on marche la nuit, et l'on marche le jour; on te les tape à Montenotte; on court les rosser à Rivoli, Lodi, Arcole, Millesimo, et on ne te les lâche pas. Le soldat prend goût à être vainqueur. Alors, Napoléon vous enveloppe ces généraux allemands, qui ne savaient où se fourrer pour être à leur aise, les pelote très bien, leur chipe quelquefois des dix mille hommes d'un seul coup en vous les entourant de quinze cents Français qu'il faisait foisonner à sa manière; enfin, leur prend leurs canons, vivres, argent, munitions, tout ce qu'ils avaient de bon à prendre. vous les jette à l'eau, les bat sur les montagnes, les mord dans l'air, les dévore sur terre, les fouaille partout. Voilà des troupes qui se remplument; parce que, voyez-vous, l'Empereur, qu'était aussi un homme d'esprit, se fait bien venir de l'habitant, auquel il dit qu'il est arrivé pour le délivrer. Pour lors, le pékin nous loge et nous chérit, les femmes aussi, qu'étaient des femmes très judicieuses. Fin finale, en ventôse 96, qu'était dans ce temps-là le mois de mars d'aujourd'hui, nous étions acculés dans un coin du pays des marmottes; mais, après la campagne, nous voilà maîtres de l'Italie, comme Napoléon l'avait prédit. Et, au mois de mars suivant, en une seule année et deux campagnes, il nous met en vue de Vienne : tout était brossé. Nous avions mangé trois armées successivement différentes, et dégommé quatre généraux autrichiens, dont un vieux qu'avait les cheveux blancs, et qui a été cuit comme un rat dans les paillassons,

à Mantoue. Les rois demandaient grâce à genoux. La paix était conquise. Un homme aurait-il pu faire cela? Non. Dieu l'aidait, c'est sûr. Il se subdivisionnait comme les cinq pains de l'Évangile, commandait la bataille le jour, la préparait la nuit, que les sentinelles le voyaient toujours allant et venant, et ne dormait ni ne mangeait. Pour lors, reconnaissant ces prodiges, le soldat te l'adopte pour son père. Et en avant!

Les autres, à Paris, voyant cela, se disent :

— Voilà un pèlerin qui paraît prendre ses mots d'ordre dans le ciel, il est singulièrement capable de mettre la main sur la France; faut le lâcher sur l'Asie ou sur l'Amérique, il s'en contentera peut-être!

Ça était écrit pour lui comme pour Jésus-Christ. Le fait est qu'on lui donne ordre de faire faction en Égypte. Voilà sa ressemblance avec le fils de Dieu. Ce n'est pas tout. Il rassemble ses meilleurs lapins, ceux qu'il avait particulièrement endiablés, et leur dit comme ça :

— Mes amis, pour le quart d'heure, on nous donne l'Égypte à chiquer. Mais nous l'avalerons en un temps et deux mouvements, comme nous avons fait de l'Italie. Les simples soldats seront des princes qui auront des terres à eux. En avant!

— En avant, les enfants! disent les sergents.

Et l'on arrive à Toulon, route d'Égypte. Pour lors, les Anglais avaient tous leurs vaisseaux en mer. Mais, quand nous nous embarquons, Napoléon nous dit :

— Ils ne nous verront pas, et il est bon que vous sachiez, dès à présent, que votre général possède une étoile dans le ciel qui nous guide et nous protège!

Qui fut dit fut fait. En passant sur la mer, nous prenons Malte, comme une orange pour le désaltérer de sa soif de victoire, car c'était un homme qui ne pouvait pas être sans rien faire. Nous voilà en Égypte. Bon. Là, autre consigne. Les Égyptiens, voyez-vous, sont des hommes qui, depuis que le monde est monde, ont coutume d'avoir des géants pour souverains, des armées nombreuses comme des fourmis; parce que c'est un pays de génies et de crocodiles, où l'on a bâti des pyramides grosses comme nos montagnes, sous lesquelles ils ont eu l'imagination de mettre leurs rois pour les conserver frais : chose qui leur plaît généralement.

Pour lors, en débarquant, le petit caporal nous dit :

— Mes enfants, les pays que vous allez conquérir tiennent à un tas de dieux qu'il faut respecter, parce que le Français doit être l'ami de tout le monde et battre les gens sans les vexer. Mettez-vous dans la coloquinte de ne toucher à rien, d'abord ; parce que nous aurons tout après ! Et marchez !

Voilà qui va bien. Mais tous ces gens-là, auxquels Napoléon était prédit sous le nom de Kébir-Bonaberdis, un mot de leur patois qui veut dire *le sultan fait feu*, en ont une peur comme du diable. Alors, le Grand Turc, l'Asie, l'Afrique, ont recours à la magie et nous envoient un démon, nommé Mody, soupçonné d'être descendu du ciel sur un cheval blanc qui était, comme son maître, incombustible au boulet et qui, tous deux, vivaient de l'air du temps. Il y en a qui l'ont vu ; mais, moi, je n'ai pas de raisons pour vous en faire certains. C'était les puissances de l'Arabie et les mamelouks qui voulaient faire croire à leurs troupiers que le Mody était capable de les empêcher de mourir à la bataille, sous prétexte qu'il était un ange envoyé pour combattre Napoléon et lui reprendre le sceau de Salomon, un de leurs fourniments à eux, qu'ils prétendaient avoir été volé par notre général. Vous entendez bien qu'on leur a fait faire la gri-

mace tout de même.

— Ah çà! dites-moi d'où ils avaient su le pacte de Napoléon? Était-ce naturel?

Il passait pour certain dans leur esprit qu'il commandait aux génies et se transportait en un clin d'œil d'un lieu à un autre, comme un oiseau. Le fait est qu'il était partout. Enfin, qu'il venait leur enlever une reine, belle comme le jour, pour laquelle il avait offert tous ses trésors et des diamants gros comme des œufs de pigeon, marché que le mamelouk, de qui elle était la particulière, quoiqu'il en eût d'autres, avait refusé positivement. Dans ces termes-là, les affaires ne pouvaient donc s'arranger qu'avec beaucoup de combats. Et c'est ce dont on ne s'est pas fait faute, car il y a eu des coups pour tout le monde. Alors, nous nous sommes mis en ligne à Alexandrie, à Giseh et devant les Pyramides. Il a fallu marcher sous le soleil, dans le sable, où les gens sujets d'avoir la berlue voyaient des eaux desquelles on ne pouvait pas boire et de l'ombre que ça faisait suer. Mais nous mangeons le mamelouk à l'ordinaire, et tout plie à la voix de Napoléon, qui s'empare de la haute et basse Égypte, l'Arabie, enfin jusqu'aux capitales des royaumes qui n'étaient plus et où il y avait des milliers de statues, les cinq cents diables de la nature, puis, chose particulière, une infinité de lézards, un tonnerre de pays où chacun pouvait prendre ses arpents de terre, pour peu que ça lui fût agréable. Pendant qu'il s'occupe de ses affaires dans l'intérieur, où il avait idée de faire des choses superbes, un institut rempli de savants, et des manufactures de tout, les Anglais lui brûlent sa flotte à la bataille d'Aboukir, car ils ne savaient quoi s'inventer pour nous contrarier. Mais Napoléon, qui avait l'estime de l'Orient et de l'Occident, que le pape l'appelait son fils et le cousin de Mahomet son cher père, veut se venger de l'Angleterre, et lui prendre les Indes pour se remplacer de sa flotte. Il allait nous conduire en Asie, par la mer Rouge, dans des pays où il n'y a que des diamants, de l'or, pour faire la paye aux soldats, et des palais pour étapes, lorsque le Mody s'arrange avec la peste et nous l'envoie pour interrompre nos victoires. Halte! Alors, tout le monde défile à c'te parade d'où l'on ne revient pas sur ses pieds... Le soldat mourant ne peut pas te prendre Saint-Jean-d'Acre, où l'on est entré trois fois avec un entêtement généreux et martial. Mais la peste était la plus forte ; il n'y avait pas à dire : *Mon bel ami!* Tout le monde se trouvait très malade. Napoléon, seul, était frais comme une rose, et toute l'armée l'a vu buvant la peste sans que ça lui fît rien du tout.

Ah çà! mes amis, croyez-vous que c'était naturel? Les mamelouks, sachant que nous étions tous dans les ambulances, veulent nous barrer le chemin; mais, avec Napoléon, c'te farce-là ne pouvait pas prendre. Donc, il dit à ses damnés, à ceux qui avaient le cuir plus dur que les autres :

— Allez me nettoyer la route.

Junot, qu'était un sabreur du premier numéro, et son ami véritable, ne prend que mille hommes, et vous a décousu tout de même l'armée d'un pacha qui avait la prétention de se mettre en travers. Pour lors, nous revenons au Caire, notre quartier général... Autre histoire. Napoléon absent, la France s'était laissé détruire le tempérament par les gens de Paris, qui gardaient la solde des troupes, leur masse de linge, leurs habits, les laissaient crever de faim et voulaient qu'elles fissent la loi à l'univers, sans s'en inquiéter autrement. C'était des imbéciles qui s'amusaient à bavarder au lieu de mettre la main à la pâte. Et donc, nos armées étaient battues, les frontières de la France entamées : L'HOMME n'était plus là. Voyez-vous, je dis *l'homme*, parce qu'on l'a nommé comme ça, mais c'était une bêtise, puisqu'il avait une étoile et toutes ses particularités : c'était nous autres qui étions les hommes! Il apprend l'histoire de France après sa fameuse bataille d'Aboukir, où, sans perdre plus de trois cents hommes, et avec une seule division, il a vaincu la grande armée des Turcs, forte de vingt-cinq mille hommes, et il en a bousculé dans la mer plus d'une grande moitié, rrrah! Ce fut son dernier coup de tonnerre en Égypte. Il se dit, voyant tout perdu là-bas :

— Je suis le sauveur de la France, je le sais, faut que j'y aille.

Mais comprenez bien que l'armée n'a pas su son départ; sans quoi on l'aurait gardé de force pour le faire empereur d'Orient. Aussi nous voilà tous tristes, quand nous sommes sans lui, parce qu'il était notre joie. Lui, laisse son commandement à Kléber, un grand mâtin qu'a descendu la garde, assassiné par un Égyptien qu'on a fait mourir en lui mettant une baïonnette dans le derrière, qui est la manière de guillotiner dans ce pays-là; mais ça fait tant souffrir, qu'un soldat a eu pitié de ce criminel, il lui a tendu sa gourde; et aussitôt que l'Égyptien a eu bu de l'eau, il a tortillé de l'œil avec un plaisir infini. Mais nous ne nous amusons pas à cette bagatelle. Napoléon met le pied sur une coquille de noix, un petit navire de rien du tout, qui s'appelait *la Fortune*, et, en un clin d'œil, à la barbe de l'Angleterre qui le bloquait avec des vaisseaux de ligne, frégates et tout ce qui faisait voile, il débarque en France, car il a toujours eu le don de passer les mers en une enjambée. Était-ce naturel? Bah! aussitôt qu'il est à Fréjus, autant dire qu'il a les pieds dans Paris. Là, tout le monde l'adore; mais lui, convoque le gouvernement.

— Qu'avez-vous fait de mes enfants les soldats? qu'il dit aux avocats; vous êtes un tas de galapiats qui vous fichez du monde et faites vos choux gras de la France. Ça n'est pas juste et je parle pour tout le monde qu'est pas content!

Pour lors, ils veulent babiller et le tuer; mais minute! Il les enferme dans leur caserne à paroles, les fait sauter par les fenêtres, et vous les enrégimente à sa suite, où ils deviennent muets comme des poissons, souples comme des blagues à tabac.

De ce coup passe consul; et, comme ce n'était pas lui qui pouvait douter de l'Être suprême, il remplit alors sa promesse envers le bon Dieu, qui lui tenait sérieusement parole; lui rend ses églises, rétablit sa religion; les cloches sonnent pour Dieu et pour lui. Voilà tout le monde content : *primo*, les prêtres qu'il empêche d'être tracassés; *segondo*, le bourgeois qui fait son commerce, sans avoir à craindre le *rapiamus* de la loi qu'était devenue injuste; *tertio*, les nobles qu'il défend d'être fait mourir, comme on en avait injurieusement contracté l'habitude. Mais il y avait des ennemis à balayer, et il ne s'endort pas sur la gamelle, parce que, voyez-vous, son œil vous traversait le monde comme une simple tête d'homme. Pour lors, paraît en Italie, comme s'il passait la tête par la fenêtre, et son regard suffit. Les Autrichiens sont avalés à Marengo comme des goujons par une baleine! Haouf! Ici, la victoire française a chanté sa gamme assez haut pour que le monde entier l'entende, et ça a suffi.

— Nous n'en jouons plus, que disent les Allemands.

— Assez comme ça! disent les autres.

Total : l'Europe fait la cane, l'Angleterre met les pouces. Paix générale où les rois et les peuples font mine de s'embrasser. C'est là que l'Empereur a inventé la Légion d'honneur, une bien belle chose, allez!

— En France, qu'il a dit à Boulogne, devant l'armée entière, tout le monde a du courage! Donc, la partie civile qui fera des actions d'éclat sera sœur du soldat, le soldat sera son frère, et ils seront unis sous le drapeau de l'honneur.

Nous autres, qui étions là-bas, nous revenons d'Égypte. Tout était changé! Nous l'avions laissé général, en un rien de temps nous le retrouvons empereur. Ma foi, la France s'était donnée à lui, comme une belle fille à un lancier. Or, quand ça fut fait, à la satisfaction générale, on peut le dire, il y eut une sainte cérémonie comme il ne s'en était jamais vu sous la calotte des cieux. Le pape et les cardinaux, dans leurs habits d'or et rouges, passent les Alpes exprès pour le sacrer devant l'armée et le peuple, qui battent des mains. Il y a une chose que je serais injuste de ne pas vous dire. En Égypte, dans le désert, près de la Syrie, l'HOMME ROUGE lui apparut dans la montagne de Moïse, pour lui dire :

— Ça va bien !

Puis, à Marengo, le soir de la victoire, pour la seconde fois, s'est dressé devant lui sur ses pieds l'Homme Rouge, qui lui dit :

— Tu verras le monde à tes genoux, et tu

seras empereur des Français, roi d'Italie, maître de la Hollande, souverain de l'Espagne, du Portugal, des provinces Illyriennes, protecteur de l'Allemagne, sauveur de la Pologne, premier aigle de la Légion d'honneur, et tout!

Cet Homme Rouge, voyez-vous, c'était son idée, à lui; une manière de piéton qui lui servait, à ce que disent plusieurs, pour communiquer avec son étoile. Moi, je n'ai jamais cru ça; mais l'Homme Rouge est un fait véritable, et Napoléon en a parlé lui-même, et a dit qu'il lui venait dans les moments durs à passer, et restait au palais des Tuileries, dans les combles. Donc, au couronnement, Napoléon l'a vu le soir pour la troisième fois, et ils furent en délibération sur bien des choses. Lors, l'Empereur va droit à Milan, se faire couronner roi d'Italie. Là commence véritablement le triomphe du soldat. Pour lors, tout ce qui savait écrire passe officier. Voilà les pensions, les dotations de duchés qui pleuvent; des trésors pour l'état-major qui ne coûtaient rien à la France; et la Légion d'honneur fournie de rentes pour les simples soldats, sur lesquelles je touche encore ma pension. Enfin, voilà des armées tenues comme il ne s'en était jamais vu. Mais l'Empereur, qui savait qu'il devait être l'Empereur de tout le monde, pense aux bourgeois, et leur fait bâtir, suivant leurs idées, des monuments de fées, là où il n'y en avait pas plus que sur ma main... Une supposition : vous reveniez d'Espagne pour passer à Berlin; eh bien, vous retrouviez des *arches* de triomphe avec de simples soldats mis dessus en belle sculpture, ni plus ni moins que des généraux. Napoléon, en deux ou trois ans, sans mettre d'impôts sur vous autres, remplit ses caves d'or, fait des ponts, des palais, des routes, des savants, des fêtes, des lois, des vaisseaux, des ports; et dépense des millions de milliasses, et tant, et tant, qu'on m'a dit qu'il en aurait pu paver la France de pièces de cent sous, si ça avait été sa fantaisie. Alors, quand il se trouve à son aise sur son trône, et si bien le maître de tout, que l'Europe attendait sa permission pour faire ses besoins, comme il avait quatre frères et trois sœurs, il nous dit en manière de conversation, à l'ordre du jour :

— Mes enfants, est-il juste que les parents de

votre empereur tendent la main? Non. Je veux qu'ils soient flambants, tout comme moi! Pour lors, il est de toute nécessité de conquérir un royaume pour chacun d'eux, afin que le Français soit le maître de tout; que les soldats de la garde fassent trembler le monde, et que la France crache où elle veut, et qu'on lui dise, comme sur ma monnaie, *Dieu vous protège!*

— Convenu! répond l'armée, on t'ira pêcher des royaumes à la baïonnette.

Ah! c'est qu'il n'y avait pas à reculer, voyez-vous! et s'il avait eu dans sa boule de conquérir la lune, il aurait fallu s'arranger pour ça, faire ses sacs, et grimper. Heureusement qu'il n'en a pas eu la volonté. Les rois, qu'étaient habitués aux douceurs de leurs trônes, se font naturellement tirer l'oreille; et alors, en avant, nous autres. Nous marchons, nous allons, et le tremblement recommence avec une solidité générale. En a-t-il fait user, dans ce temps-là, des hommes et des souliers! Alors, on se battait à coup de nous si cruellement, que d'autres que les Français s'en seraient fatigués. Mais vous n'ignorez pas que le Français est né philosophe, et, un peu plus tôt, un peu plus tard, sait qu'il faut mourir. Aussi nous mourions tous sans rien dire, parce qu'on avait le plaisir de voir l'Empereur faire ça sur les géographies. (Là, le fantassin décrivit lestement un rond avec son pied sur l'aire de la grange.) Et il disait : « Ça, ce sera un royaume! » et c'était un royaume. Quel bon temps! Les colonels passaient généraux, le temps de les voir; les généraux maréchaux, les maréchaux rois. Et il y en a encore un, qui est debout pour le dire à l'Europe, quoique ce soit un Gascon, traître à la France pour garder sa couronne, qui n'a pas rougi de honte, parce que, voyez-vous, les couronnes sont en or! Enfin les sapeurs qui savaient lire devenaient nobles tout de même. Moi qui vous parle, j'ai vu à Paris onze rois et un peuple de princes qui entouraient Napoléon, comme les rayons du soleil! Vous entendez bien que chaque soldat ayant la chance de chausser un trône, pourvu qu'il en eût le mérite, un caporal de la garde était comme une curiosité qu'on admirait passer, parce que chacun avait son contingent dans la victoire, parfaitement connu dans le bul-

letin. Et y en avait-il, de ces batailles! Austerlitz, où l'armée a manœuvré comme à la parade; Eylau, où l'on a noyé les Russes dans un lac, comme si Napoléon avait soufflé dessus; Wagram, où l'on s'est battu trois jours sans bouder... Enfin, y en avait autant que de saints au calendrier. Aussi alors fut-il prouvé que Napoléon possédait dans son fourreau la véritable épée de Dieu. Alors, le soldat avait son estime, et il en faisait son enfant, s'inquiétait si vous aviez des souliers, du linge, des capotes, du pain, des cartouches; quoiqu'il tînt sa majesté, puisque c'était son métier à lui, de régner. Mais c'est égal! un sergent et même un soldat pouvaient lui dire : « Mon empereur », comme vous me dites à moi quelquefois : « Mon bon ami. » Et il répondait aux raisons qu'on lui faisait, couchait dans la neige comme nous autres; enfin, il avait presque l'air d'un homme naturel. Moi qui vous parle, je l'ai vu, les pieds dans la mitraille, pas plus gêné que vous êtes là, et mobile, regardant avec sa lorgnette, toujours à son affaire; alors, nous restions là, tranquilles comme Baptiste. Je ne sais pas comment il s'y prenait, mais, quand il nous parlait, sa parole nous envoyait comme du feu dans l'estomac; et, pour lui montrer qu'on était ses enfants, incapables de bouder, on allait pas ordinaire devant des polissons de canons qui gueulaient et vomissaient des régiments de boulets, sans dire gare. Enfin les mourants avaient la chose de se relever pour le saluer et lui crier :

— Vive l'Empereur!

Était-ce naturel? auriez-vous fait cela pour un simple homme?

Pour lors, tout son monde établi, l'impératrice Joséphine, qu'était une bonne femme tout de même, ayant la chose tournée à ne pas lui donner d'enfants, il fut obligé de la quitter, quoiqu'il l'aimât considérablement. Mais il lui fallait des petits, rapport au gouvernement. Apprenant cette difficulté, tous les souverains de l'Europe se sont battus à qui lui donnerait une femme. Et il a épousé, qu'on nous a dit, une Autrichienne, qu'était la fille des Césars, un homme ancien dont on parle partout, et pas seulement dans nos pays, où vous entendez dire qu'il a tout fait, mais en Europe. Et c'est si vrai que, moi qui vous parle en ce moment, je suis allé sur le Danube où j'ai vu les morceaux d'un pont bâti par cet homme, qui paraît qu'a été, à Rome, parent de Napoléon, d'où s'est autorisé l'Empereur d'en prendre l'héritage pour son fils. Donc, après son mariage, qui fut une fête pour le monde entier, et où il a fait grâce au peuple de dix ans d'impositions, qu'on a payées tout de même, parce que les gabelous n'en ont pas tenu compte, sa femme a eu un petit qu'était Roi de Rome; une chose qui ne s'était pas encore vue sur terre, car jamais un enfant n'était né roi, son père vivant. Ce jour-là, un ballon est parti de Paris pour le dire à Rome, et ce ballon a fait le chemin en un jour. Ah çà! y a-t-il maintenant quelqu'un de vous autres qui me soutiendra que tout ça était naturel? Non, c'était écrit là-haut! Et la gale à qui ne dira pas qu'il a été envoyé par Dieu même pour faire triompher la France! Mais voilà l'empereur de Russie, qu'était son ami, qui se fâche de ce qu'il n'a pas épousé une Russe et qui soutient les Anglais, nos ennemis, auxquels on avait toujours empêché Napoléon d'aller dire deux mots dans leur boutique. Fallait donc en finir avec ces canards-là. Napoléon se fâche et nous dit :

— Soldats! vous avez été maîtres dans toutes les capitales de l'Europe; reste Moscou, qui s'est allié à l'Angleterre. Or, pour pouvoir conquérir Londres et les Indes, qu'est à eux, je trouve définitif d'aller à Moscou.

Pour lors, assemble la plus grande des armées qui jamais aient traîné leurs guêtres sur le globe, et si curieusement bien alignée, qu'en un jour il a passé en revue un million d'hommes.

— Hourra! disent les Russes.

Et voilà la Russie tout entière, des animaux de Cosaques qui s'envolent. C'était pays contre pays, un *boulevari* général, dont il fallait se garer. Et comme avait dit l'Homme Rouge à Napoléon :

— C'est l'Asie contre l'Europe !

— Suffit, qu'il dit, je vais me précautionner.

Et voilà fectivement tous les rois qui viennent lécher la main de Napoléon ! L'Autriche, la Prusse, la Bavière, la Saxe, la Pologne, l'Italie, tout est avec nous, nous flatte, et c'était beau ! Les aigles n'ont jamais tant roucoulé qu'à ces parades-là, qu'elles étaient au-dessus de tous les drapeaux de l'Europe. Les Polonais ne se tenaient pas de joie, parce que l'Empereur avait idée de les relever ; de là, que la Pologne et la France ont toujours été frères. Enfin :

— A nous la Russie ! crie l'armée.

Nous entrons bien fournis ; nous marchons, marchons : point de Russes. Enfin nous trouvons nos mâtins campés à la Moscova. C'est là que j'ai eu la croix, et j'ai congé de dire que ce fut une sacrée bataille ! L'Empereur était inquiet, il avait vu l'Homme Rouge, qui lui dit :

— Mon enfant, tu vas plus vite que le pas, les hommes te manqueront, les amis te trahiront.

Pour lors, proposa la paix. Mais, avant de la signer :

— Frottons les Russes! qu'il nous dit.

— Tope! s'écria l'armée.

— En avant! dirent les sergents.

Mes souliers étaient usés, mes habits décousus, à force d'avoir trimé dans ces chemins-là, qui ne sont pas commodes du tout! Mais c'est égal!

— Puisque c'est la fin du tremblement, que je me dis, je veux m'en donner tout mon soûl!

Nous étions devant le grand ravin; c'était les premières places! Le signal se donne, sept cents pièces d'artillerie commencent une conversation à vous faire sortir le sang par les oreilles. Là, faut rendre justice à ses ennemis, mes Russes se faisaient tuer comme des Français, sans reculer, et nous n'avancions pas.

— En avant, nous dit-on, voilà l'Empereur!

C'était vrai : passe au galop en nous faisant signe qu'il s'importait beaucoup de prendre la redoute. Il nous anime, nous courons, j'arrive le premier au ravin. Ah! mon Dieu, les lieutenants tombaient, les colonels, les soldats! C'est égal! Ça faisait des souliers à ceux qui n'en avaient pas et des épaulettes pour les intrigants qui savaient lire... Victoire! c'est le cri de toute la ligne. Par exemple, ce qui ne s'était jamais vu, il y avait vingt-cinq mille Français par terre. Excusez du peu! C'était un vrai champ de blé coupé : au lieu d'épis, mettez des hommes! nous étions dégrisés, nous autres. L'homme arrive, on fait le cercle autour de lui. Pour lors, il nous câline, car il était aimable quand il le voulait, à nous faire contenter de vache enragée par une faim de deux loups. Alors, mon câlin distribue soi-même les croix, salue les morts; puis nous dit :

— A Moscou!

— Va pour Moscou! dit l'armée.

Nous prenons Moscou. Voilà-t-il pas que les Russes brûlent leur ville! Ç'a été un feu de paille de deux lieues, qui a flambé pendant deux jours. Les édifices tombaient comme des ardoises! Il y avait des pluies de fer et de plomb fondus qui étaient naturellement horribles; et l'on peut vous le dire, à vous, ce fut l'éclair de nos malheurs. L'Empereur dit :

— Assez comme ça, tous mes soldats y resteraient !

Nous nous amusons à nous rafraîchir un petit moment et à se refaire le cadavre, parce qu'on était réellement fatigué beaucoup. Nous emportons une croix d'or qu'était sur le Kremlin, et chaque soldat avait une petite fortune. Mais, en revenant, l'hiver s'avance d'un mois, chose que les savants, qui sont des bêtes, n'ont pas expliquée suffisamment, et le froid nous pince. Plus d'armée, entendez-vous? plus de généraux, plus de sergents même! Pour lors, ce fut le règne de la misère et de la faim, règne où nous étions réellement tous égaux! On ne pensait qu'à revoir la France, on ne se baissait pas pour ramasser son fusil ni son argent; et chacun allait devant soi, arme à volonté, sans se soucier de la gloire. Enfin le temps était si mauvais que l'Empereur n'a plus vu son étoile. Il y avait quelque chose entre le ciel et lui. Pauvre homme, qu'il était malade de voir ses aigles à contre-fil de la victoire! Et ça lui en a donné une sévère, allez! Arrive la Bérésina. Ici, mes amis, on peut vous affirmer par ce qu'il y a de plus sacré, sur l'honneur, que, depuis qu'il y a des hommes, jamais, au grand jamais, ne s'était vue pareille fricassée d'armée, de voitures, d'artillerie, dans de pareille neige, sous un ciel pareillement ingrat. Le canon des fusils vous brûlait la main, si vous y touchiez, tant il était froid. C'est là que l'armée a été sauvée par les pontonniers, qui se sont trouvés solides au poste, et où s'est parfaitement comporté Gondrin, le seul vivant des gens assez entêtés pour se mettre à l'eau afin de bâtir les ponts sur lesquels l'armée a passé, et se sauver des Russes, qui avaient encore du respect pour la grande armée, rapport aux victoires.

Et, dit-il en montrant Gondrin, qui le regardait avec l'attention particulière aux sourds, Gondrin est un troupier fini, un troupier d'honneur même, qui mérite vos plus grands égards.

J'ai vu, reprit-il, l'Empereur debout près du pont, immobile, n'ayant point froid. Était-ce encore naturel? Il regardait la perte de ses trésors, de ses amis, de ses vieux Égyptiens. Bah! tout y passait, les femmes, les fourgons, l'artillerie, tout était consommé, mangé, ruiné. Les plus courageux gardaient les aigles, parce que les aigles, voyez-vous, c'était la France, c'était tout vous autres, c'était l'honneur du civil et du militaire, qui devait rester pur et ne pas baisser la tête à cause du froid. On ne se réchauffait guère que près de l'Empereur, puisque, quand il était en danger, nous accourions, gelés, nous qui ne nous arrêtions pas pour tendre la main à des amis. On dit aussi qu'il pleurait la nuit sur sa pauvre famille de soldats. Il n'y avait que lui et des Français pour se tirer de là; et l'on s'en est tiré, mais avec des pertes et de grandes pertes, que je dis ! Les alliés avaient mangé nos vivres. Tout commençait à le trahir, comme lui avait dit l'Homme Rouge. Les bavards de Paris, qui se taisaient depuis l'établissement de la garde impériale, le croient mort et trament une conspiration où l'on met dedans le préfet de police pour renverser l'Empereur. Il apprend ces choses-là, ça vous le taquine, et il nous dit quand il est parti :

— Adieu, mes enfants, gardez les postes, je vais revenir.

Bah! ses généraux battent la breloque; car, sans lui, ce n'était plus ça. Les maréchaux se disent des sottises, font des bêtises, et c'était naturel; Napoléon, qui était un bon homme, les avait nourris d'or, ils devenaient gras à lard qu'ils ne voulaient plus marcher. De là sont venus les malheurs, parce que plusieurs sont restés en garnison sans frotter le dos des ennemis derrière lesquels ils étaient, tandis qu'on nous poussait vers la France. Mais l'Empereur nous revient avec des conscrits. et de fameux conscrits, auxquels il changea le moral parfaitement et en fit des chiens finis à mordre quiconque, avec des bourgeois en gardes d'honneur, une belle troupe qui a fondu comme du beurre sur un gril. Malgré notre tenue sévère, voilà que tout est contre nous; mais l'armée fait encore des prodiges de valeur. Pour lors, se donnent des batailles de montagnes, peuples contre peuples, à Dresde, Lutzen, Bautzen... Souvenez-vous de ça, vous autres, parce que c'est là que le Français a été si particulièrement héroïque, que, dans ce temps-là, un bon grenadier ne durait pas plus de six mois. Nous triomphons toujours; mais, sur les derrières, ne voilà-t-il pas les Anglais qui font révolter les peuples en leur disant des bêtises! Enfin on se fait jour à travers ces meutes de nations. Partout où l'Empereur paraît, nous débouchons, parce que, sur terre comme sur mer, là où il disait : « Je veux passer! » nous passions. Fin finale, nous sommes en France, et il y a plus d'un pauvre fantassin à qui, malgré la dureté du temps, l'air du pays a remis l'âme dans un état satisfaisant. Moi, je puis dire, en mon particulier, que ça m'a rafraîchi la vie... Mais, à cette heure, il s'agit de défendre la France, la patrie, la belle France enfin, contre toute l'Europe, qui nous en voulait d'avoir voulu faire la loi aux Russes, en les poussant dans leurs limites pour qu'ils ne nous mangeassent pas, comme c'est l'habitude du Nord qui est friand du Midi, chose que j'ai entendu dire à plusieurs généraux. Alors, l'Empereur voit son propre beau-père, ses amis qu'il avait assis rois, et les canailles auxquelles il avait rendu leurs trônes, tous contre lui. Enfin, même des Français et des alliés qui se tournaient, par ordre supérieur, contre nous, dans nos rangs, comme à la bataille de Leipsig. N'est-ce pas des horreurs dont seraient peu capables de simples soldats? Ça manquait à sa parole trois fois par jour, et ça se disait des princes! Pour lors, l'invasion se fait. Partout où notre Empereur montre sa face de lion, l'ennemi recule, et il a fait dans ce temps-là plus de prodiges, en défendant la France, qu'il n'en avait fait pour conquérir l'Italie, l'Orient, l'Espagne, l'Europe et la Russie. Pour lors, il veut enterrer tous les étrangers pour leur apprendre à respecter la France, et les laisse venir sous Paris pour les avaler d'un coup et s'élever au dernier degré du génie par une bataille encore plus grande que toutes les autres, une mère bataille enfin! Mais les Parisiens ont peur pour leur peau de deux liards et pour leurs boutiques de deux sous, ouvrent leurs portes; voilà les *ragusades* qui commencent et les bonheurs qui finissent, l'Impératrice qu'on embête, et le drapeau blanc qui se met aux fenêtres. Enfin les généraux, qu'il avait fait ses meilleurs amis, l'abandonnent pour les Bourbons, de qui on n'avait jamais entendu parler. Alors, il nous dit adieu à Fontainebleau :

— Soldats!...

Je l'entends encore, nous pleurions tous comme

de vrais enfants; les aigles, les drapeaux étaient inclinés comme pour un enterrement, car, on peut vous le dire, c'était les funérailles de l'Empire, et ses armées pimpantes n'étaient plus que des squelettes. Donc, il nous dit de dessus le perron de son château :

— Mes enfants, nous sommes vaincus par la trahison, mais nous nous reverrons dans le ciel, la patrie des braves. Défendez mon petit, que je vous confie : vive Napoléon II !

Il avait idée de mourir; et, pour ne pas laisser voir Napoléon vaincu, prend du poison de quoi tuer un régiment, parce que, comme Jésus-Christ avant sa passion, il se croyait abandonné de Dieu et de son talisman; mais le poison ne lui fait rien du tout. Autre chose ! se reconnaît immortel. Sûr de son affaire et d'être toujours empereur, il va dans une île pendant quelque temps étudier le tempérament de ceux-ci, qui ne manquent pas à faire des bêtises sans fin. Pendant qu'il faisait sa faction, les Chinois et les animaux de la côte d'Afrique, Barbaresques et autres, qui ne sont pas commodes du tout, le tenaient si bien pour autre chose qu'un homme, qu'ils respectaient son pavillon en disant qu'y toucher c'était se frotter à Dieu. Il régnait sur le monde entier, tandis que ceux-ci l'avaient mis à la porte de sa France. Alors, s'embarque sur la même coquille de noix d'Égypte, passe à la barbe des vaisseaux anglais, met le pied sur la France; la France le reconnaît, le sacré coucou s'envole de clocher en clocher, toute la France crie : « Vive l'Empereur! » Et par ici l'enthousiasme pour cette merveille des siècles a été solide, le Dauphiné s'est très bien conduit; et j'ai été particulièrement satisfait de savoir qu'on y pleurait de joie en revoyant sa redingote grise. Le 1er mars, Napoléon débarque avec deux cents hommes pour conquérir le royaume de France et de Navarre, qui, le 20 mars, était redevenu l'Empire français. L'homme se trouvait ce jour-là dans Paris, ayant tout balayé, il avait repris sa chère France et ramassé ses troupiers en ne leur disant que deux mots : « Me voilà! » C'est le plus grand miracle qu'a fait Dieu! Avant lui, jamais un homme avait-il pris d'empire rien qu'en montrant son chapeau? On croyait la France abattue? Du tout. A la vue de l'aigle, une armée nationale se refait, et nous marchons tous à Waterloo. Pour lors, là, la garde meurt d'un seul coup. Napoléon, au désespoir, se jette trois fois au-devant des canons ennemis à la tête du reste, sans trouver la mort! Nous avons vu ça, nous autres! Voilà la bataille perdue. Le soir, l'Empereur appelle ses vieux soldats, brûle dans un champ plein de notre sang ses drapeaux et ses aigles; ces pauvres aigles toujours victorieuses, qui criaient dans les batailles : « En avant! » et qui avaient volé sur toute l'Europe, furent sauvées de l'infamie d'être à l'ennemi. Les trésors de l'Angleterre ne pourraient pas seulement lui donner la queue d'un aigle. Plus d'aigles! Le reste est suffisamment connu. L'Homme Rouge passe aux Bourbons comme un gredin qu'il est. La France est écrasée, le soldat n'est plus rien, on le prive de son dû, on te le renvoie chez lui, pour prendre à sa place des nobles qui ne pouvaient plus marcher, que ça faisait pitié. On s'empare de Napoléon par trahison, les Anglais le clouent dans une île déserte de la grande mer, sur un rocher élevé de dix mille pieds au-dessus du monde. Fin finale, est obligé de rester là, jusqu'à ce que l'Homme Rouge lui rende son pouvoir pour le bonheur de la France. Ceux-ci disent qu'il est mort! Ah bien, oui, mort! on voit bien qu'ils ne le connaissent pas. Ils répètent c'te bourde-là pour attraper le peuple et le faire tenir tranquille dans leur baraque de gouvernement. Écoutez : la vérité du tout est que ses amis l'ont laissé seul dans le désert, pour satisfaire à une prophétie faite sur lui, car j'ai oublié de vous apprendre que son nom de Napoléon veut dire *le Lion du désert*. Et voilà ce qui est vrai comme l'Évangile. Toutes les autres choses que vous entendrez dire sur l'Empereur sont des bêtises qui n'ont pas forme humaine. Parce que, voyez-vous, ce n'est pas à l'enfant d'une femme que Dieu aurait donné le droit de tracer son nom en rouge comme il a écrit

le sien sur la terre, qui s'en souviendra toujours!... Vive Napoléon, le père du peuple et du soldat!

— Vive le général Éblé! cria le pontonnier.

— Comment avez-vous fait pour ne pas mourir dans le ravin de la Moscova? dit une paysanne.

— Est-ce que je sais! Nous y sommes entrés un régiment, nous n'y étions debout que cent fantassins, parce qu'il n'y avait que des fantassins capables de le prendre! L'infanterie, voyez-vous, c'est tout dans une armée...

— Et la cavalerie, donc! s'écria Genestas en se laissant couler du haut du foin et apparaissant avec une rapidité qui fit jeter un cri d'effroi aux plus courageux. Hé! mon ancien, tu oublies les lanciers rouges de Poniatowski, les cuirassiers, les dragons, tout le tremblement! Quand Napoléon, impatient de ne pas voir avancer sa bataille vers la conclusion de la victoire, disait à Murat : « Sire, coupe-moi ça en deux! » nous partions d'abord au trot, puis au galop : *une, deux!* l'armée ennemie était fendue comme une pomme avec un couteau. Une charge de cavalerie, mon vieux, mais c'est une colonne de boulets de canon!

— Et les pontonniers? cria le sourd.

— Ah çà! mes enfants, reprit Genestas tout honteux de sa sortie, en se voyant au milieu d'un cercle silencieux et stupéfait, il n'y a pas d'agents provocateurs ici! Tenez, voilà pour boire.

— Vive l'Empereur! crièrent d'une seule voix les gens de la veillée.

— Chut! enfants, dit l'officier, en s'efforçant de cacher sa profonde douleur. Chut! *Il est mort* en disant : « Gloire, France et bataille! » Mes enfants, il a dû mourir, lui; mais sa mémoire.... jamais!

IMPRIMÉ

PAR

PHILIPPE RENOUARD

19, rue des Saints-Pères

PARIS

www.ingramcontent.com/pod-product-compliance
Ingram Content Group UK Ltd.
Pitfield, Milton Keynes, MK11 3LW, UK
UKHW021057270726
13967UKWH00012B/2037